VENTE DU MARDI 29 OCTOBRE 1907

HOTEL DROUOT, SALLE N° 8

A DEUX HEURES

Porcelaines de Chine

OBJETS VARIÉS

Appartenant à M. X...

EXPOSITION PUBLIQUE

LE LUNDI 28 OCTOBRE 1907

DE 1 HEURE 1/2 A 5 HEURES 1/2

COMMISSAIRE-PRISEUR	EXPERTS
Mᵉ HENRI BERNIER	**MM. MANNHEIM**
ADMINISTRATEUR	7, rue Saint-Georges
De l'étude de feu Mᵉ P. CHEVALLIER	PARIS
10, rue Grange-Batelière	

CONDITIONS DE LA VENTE

Elle sera faite au comptant.

Les adjudicataires paieront *dix pour cent* en sus des enchères.

Paris. — Imp. de l'Art, Ch. Berger et Cⁱᵉ, 41, rue de la Victoire

DÉSIGNATION

PORCELAINES DE CHINE
OBJETS DIVERS

1 — Flacon-tabatière en porcelaine de Chine émaillée blanc, décor de chiens de Fô.

2 — Autre, même porcelaine, décor de personnages et barque.

3 — Autre, personnages.

4 — Autre, rinceaux.

5 — Autre, cortège.

6 — Autre, oiseaux.

7 — Autre, émaillé rouge.

8 — Autre, forme figurine.

9 — Pitong cylindrique ajouré en céladon bleu-turquoise de la Chine.

10 — Pitong cylindrique ajouré en céladon bleu-turquoise
de la Chine : branchages et fleurs.

11 — Pitong ajouré en céladon bleu-turquoise de la Chine :
femme et grenouille.

12 — Pitong ajouré en céladon bleu-turquoise de la Chine :
bambous.

13 — Petit vase à nervures en céladon bleu-turquoise de la
Chine.

14 — Petit vase quadrilatéral en céladon bleu-turquoise de
la Chine.

15 — Petit vase, à panse aplatie, en céladon bleu-turquoise
de la Chine.

16 — Deux coupes libatoires en céladon bleu-turquoise de
la Chine, anses ornées de chimères.

17 — Deux poussahs en céladon bleu-turquoise de la Chine.

18 — Deux petites chimères porte-fleurs en céladon bleu-
turquoise de la Chine.

19 — Deux poussahs accolés en céladon bleu-turquoise de
la Chine.

20 — Vase à eau, forme crapaud, en céladon bleu-turquoise
de la Chine.

21 — Deux poissons en céladon bleu-turquoise de la Chine.

22 — Porte-pinceau en céladon bleu-turquoise de la Chine.

23 — Singe accroupi en céladon bleu-turquoise de la Chine.

24 — Chimère en céladon bleu-turquoise de la Chine.

25 — Coupe en céladon bleu-turquoise de la Chine, accostée d'un canard flambé violet.

26 — Statuette de divinité assise, accompagnée de deux personnages en céladon bleu-turquoise de la Chine.

27 — Petite bouteille en céladon bleu-turquoise de la Chine.

28 — Petite pagode contenant une divinité en céladon bleu-turquoise de la Chine.

29 — Deux chimères en céladon bleu-turquoise de la Chine, flambées violet.

30 — Théière en céladon bleu-turquoise de la Chine, flambée violet.

31 — Petit vase à quatre faces en céladon bleu-turquoise de la Chine, avec motifs polychromes.

32 — Petit vase émaillé rouge corail. Porcelaine de Chine.

33 — Quatre petites bouteilles en porcelaine de Chine, émaillées bleu.

34 — Petit vase en porcelaine de Chine, émaillé bleu.

35 — Petite bouteille en porcelaine de Chine, émaillée noir.

36 — Petit vase en porcelaine de Chine, flambée gris et violet.

37 — Petit flacon en porcelaine de Chine, émaillée jaune moutarde.

38 — Bouteille en porcelaine de Chine, émaillée gris-craquelé.

39 — Flacon en porcelaine de Chine, émaillée gris-craquelé.

40 — Vase-balustre en porcelaine de Chine, flambée bleu et violet.

41 — Petit vase-rouleau, décor doré, fond bleu fouetté. Porcelaine de Chine.

42 — Petite potiche, réserves en bleu, fond bleu fouetté. Porcelaine de Chine.

43 — Gobelet analogue.

44 — Deux potiches surbaissées, avec couvercles : poissons, sur fond bleu. Porcelaine de Chine.

45 — Deux petites coupes variées en porcelaine de Chine, émaillées violet, contenant une figurine.

46 — Coupe libatoire émaillée violet. Porcelaine de Chine.

47 — Deux chimères émaillées bleu clair. Porcelaine de Chine.

48 — Deux pitongs hexagones : fleurs. Ancienne porcelaine de Chine. Epoque Kien-lung.

49 — Autre analogue : personnages.

50 — Quatre pitongs quadrilatéraux : personnages. Ancienne porcelaine de Chine. Epoque Kier-lung.

51 — Pitong rond, orné d'une divinité. Ancienne porcelaine de Chine.

52 — Deux autres analogues : branches fleuries. Même porcelaine.

53 — Autre : arbustes et oiseaux. Même porcelaine.

54 — Autre : fleurs, fond jaune. Ancienne porcelaine de Chine. Epoque Kien-lung.

55 — Deux cornets en ancienne porcelaine de Chine : rochers et fruits, personnages.

56 — Deux autres : personnages. Même porcelaine.

57 — Autre : personnages. Même porcelaine.

58 — Autre, plus petit : fleurs. Même porcelaine.

59 — Cornet en porcelaine de Chine : rochers et arbustes en bleu.

60 — Gourde à double renflement, en porcelaine de Chine, émaillée jaune.

61 — Cornet en ancienne porcelaine de Chine, à décor doré sur fond bleu fouetté.

62 — Cornet en ancienne porcelaine de Chine. Epoque Kien-lung : personnages.

63 — Cornet. Même porcelaine et même décor.

64 — Très petite théière en porcelaine de Chine, émaillée vert.

65 — Théière en porcelaine de Chine, émaillée bleu fouetté.

66 — Petit vase-rouleau : fleurs et oiseaux. Ancienne porcelaine de Chine.

67 — Deux autres : branches fleuries. Même porcelaine.

68 — Grue en porcelaine de Chine.

69 — Jardinière hexagone : personnages, Ancienne porcelaine de Chine. Epoque Kien-lung.

70 — Cornet : fleurs et personnages. Ancienne porcelaine de Chine.

71 — Vase-rouleau : personnages. Même porcelaine.

72 — Potiche avec couvercle : personnages. Même porcelaine.

73 — Potiche avec couvercle : grappes de raisin. Ancienne porcelaine de Chine.

74 — Crapaud en porcelaine de Chine.

75 — Petit groupe dans une coquille entr'ouverte. Ancienne porcelaine de Chine, époque Kien-lung.

76 — Deux vases-balustres quadrilatéraux, avec bases mobiles en ancienne porcelaine de Chine, époque Kien-lung : décor de personnages.

77 — Potiche en ancienne porcelaine de Chine, époque des Ming : enfants et branchages.

78 — Autre : vases de fleurs. Même porcelaine.

79 — Autre : compartiments, fleurs et oiseaux. Même porcelaine.

80 — Autre : fleurs et oiseaux. Même porcelaine.

81 — Potiche en ancienne porcelaine de Chine, époque des Ming : chimères et rinceaux.

82 — Autre : enfants jouant. Même porcelaine.

83 — Autre : rinceaux fleuris. Même porcelaine.

84 — Autre : branches fleuries. Même porcelaine.

85 — Autre analogue. Même porcelaine.

86 — Pot ovoïde en ancienne porcelaine de Chine, époque des Ming : fleurs.

87 — Autre analogue : branches fleuries. Même porcelaine.

88 — Vase, décor de personnages et inscriptions. Ancienne porcelaine de Chine.

89 — Vase : jeux d'enfants et inscriptions. Même porcelaine.

90 — Petite potiche : chimères et fleurs. Ancienne porcelaine de Chine. Epoque des Ming.

91 — Petit pot : personnage sur une chimère. Même porcelaine.

92 — Singe assis en porcelaine de Chine.

93 — Statuette de personnage assis, décor bleu. Ancienne porcelaine de Chine.

94 — Statuette de personnage debout en ancienne porcelaine de Chine.

95 — Autre analogue.

96 — Deux autres analogues.

97 — Autre analogue.

98 — Autre analogue.

99 — Deux autres analogues.

100 — Statuette de mendiant debout, porcelaine de Chine, décor bleu.

101 — Statuette d'enfant agenouillé. Ancienne porcelaine de Chine. Epoque Kien-lung.

102 — Deux autres analogues. Même porcelaine.

103 — Deux coupes à eau en porcelaine de Chine, émaillée sur biscuit, en forme de fruits et fleurs.

104 — Cinq autres, même porcelaine, ornées d'un canard.

105 — Trois coupes libatoires en porcelaine de Chine, émaillée sur biscuit.

106 — Deux autres émaillées sur biscuit.

107 — Petite coupe contenant une figurine de personnage. Même porcelaine.

108 — Jeu de plateaux, même porcelaine : chevaux.

109 — Bol, décoré de fleurs sur fond noir. Ancienne porcelaine de Chine émaillée sur biscuit.

110 — Deux perruches en porcelaine de Chine, émaillées sur biscuit.

111 — Perruche en porcelaine de Chine, émaillée sur biscuit.

112 — Autre analogue, émaillée sur biscuit.

113 — Deux chimères émaillées sur biscuit. Même porcelaine.

114 — Deux autres. Même porcelaine.

115 — Figurine de personnage sur le crapaud à trois pattes.

116 — Figurine de divinité assise en porcelaine de Chine, émaillée sur biscuit.

117 — Enfant sur un buffle. Même porcelaine.

118 — Figurine d'enfant debout. Même porcelaine.

119 — Petit vase à eau, accosté d'une figurine de personnage endormi. Porcelaine de Chine, émaillée sur biscuit.

120 — Statuette de Kouan-in. Même porcelaine.

121 — Petit groupe : Les Ho-Ho. Même porcelaine.

122 — Figurine de personnage accroupi. Même porcelaine.

123 — Pyramide de fruits. Même porcelaine.

124 — Théière en grès chinois.

125 — Autre théière en grès chinois, émaillé jaune.

126 — Figurine de personnage en grès de la Chine.

127 — Coupe en grès gris de la Chine.

128 — Jardinière en grès gris de la Chine.

129 — Porte-fleurs en grès gris de la Chine.

130 — Coupe, forme fleur, en grès gris de la Chine.

131 — Autre, plus petite.

132 — Lapin en céramique japonaise.

133 — Collier formé de perles de jade. Chine.

134 — Amulette en jade vert de la Chine.

135 — Autre en jade vert-émeraude de la Chine.

136 — Trois petits fragments en jade vert de la Chine.

137 — Statuette de Vierge en ivoire. Espagne, XVIIe siècle.

138 — Vase en porcelaine : fleurs et draperies en bleu.